Gartenträume

Gartenträume

Bauerngärten

© Naumann & Göbel Verlagsgesellschaft mbH, Köln
Autorin: Brunhilde Bross-Burkhardt
Gesamtherstellung: Naumann & Göbel Verlagsgesellschaft mbH, Köln
Redaktion, Bildredaktion und Grafik: Frank Müller, Anja Schlatterer, Anette Vogt (red.sign GbR, Stuttgart)
Alle Rechte vorbehalten

ISBN 978-3-625-12164-0
www.naumann-goebel.de

Inhalt

Ein Wort zuvor

Lassen Sie sich entführen in die bezaubernde Welt der Bauerngärten!

Bauerngärten gefallen mit ihrer bunten Vielfalt an Kohl und Zwiebeln, an Bartnelken und Madonnenlilien. Es ist ein unkompliziertes Nebeneinander von Nützlichem und Zierendem. Die meisten Menschen verstehen unter einem Bauerngarten einen ländlichen Nutzgarten mit kreuzförmigem Grundriss und Buchseinfassungen, die bunten Blumenrabatten nicht zu vergessen.

In ländlichen Regionen spielt die Selbstversorgung aus dem Garten noch eine sehr große Rolle. Die Gartenbesitzer kultivieren Gemüse, Kräuter und Beerenobst. Kohlrabi und Buschbohnen, Tomaten und Erdbeeren wachsen auf den Beeten. In der Küche wird die reiche Ernte auf vielfältigste Weise verwertet und überschüssige Früchte eingefroren, eingekocht, entsaftet, eingedünstet oder getrocknet.

Richtig genutzte Bauerngärten sind nicht bis ins Detail durchgestylt wie formal angelegte Rosengärten im öffentlichen Raum oder städtische „Cottage-Gärten". Richtige Bauerngärten entsprechen den Bedürfnissen der Familie und tragen stets die Handschrift derjenigen, die sie pflegen. Die bunte Fülle der Pflanzen ist in diesen Arealen nicht hinter Sträuchern verborgen, sondern von außen her einsehbar. So können sich alle Vorübergehenden an der Pflanzenpracht erfreuen und es ergeben sich spontane Gespräche über den Gartenzaun – sei es übers Wetter, über das leidige Thema Schneckenplage oder die diesjährige Bohnenernte.

Die Vielfalt der Blumen beruht oft auf Tauschgeschäften. Auf dem Land wird viel über den Gartenzaun getauscht. So wachsen in manchen Ortschaften in jedem Garten die gleiche Sorte Phlox oder die gleiche Sorte Herbstastern.

Nach Jahrzehnten mit anderen Gartenmoden besinnen sich seit ein paar Jahren viele Grundstücksbesitzer wieder auf die alten Gartenformen. Sie legen Bauerngärten im formalen Stil mit geschnittenen Buchshecken neu an – oft passend zu einem alten Bauernhaus, aber auch neben einem modernen Einfamilienhaus. Romantische Lauben und Staketenzäune aus Holz oder Eisen, nach alten Vorbildern neu gebaut, komplettieren die anheimelnde Gestaltung.

Die Geschichte des Bauerngartens

Als bedeutendes, weit in die Vergangenheit reichendes Vorbild für die Gestaltungsform der Bauerngärten gelten die im Zentrum von Klöstern angelegten mittelalterlichen Kreuzgärten, die vom überdachten Kreuzgang eingefasst wurden. Es sind aber auch die Barockgärten des 18. Jahrhunderts, deren Abglanz in den Bauerngärten erkennbar ist. In ihnen nahmen die von Buchs gesäumten Bordüren und die Rabatten eine wichtige Rolle ein. Und selbst bei den alten Römern werden wir fündig – schon vor 2000 Jahren haben sie ihre Gärten gerne mit Buchshecken und -büschen geschmückt.

Rosen, Phlox und Lilien gehören zum traditionellen Bild der Bauerngärten (links). Viele Menschen lassen sich vom Charme der schönen Blumen bezaubern.

Das kunterbunte Durcheinander von Sommerblumen, Stauden und Kräutern gefällt dem Betrachter (rechts). Es steht für pralle Fülle und vermittelt Lebensfreude!

Vom Charme traditioneller Bauerngärten

Viele Gestaltungselemente der Barockgärten finden sich in formal angelegten Bauerngärten wieder, nur eben auf viel kleinerem Raum. Die Tradition der mit geschnittenen Buchshecken angelegten bäuerlichen Nutzgärten reicht bis in die Mitte des 19. Jahrhunderts zurück. Es sind verzierte Nutzgärten, in denen das Gemüse den meisten Platz einnimmt. Die Menschen mussten schließlich mit Essen versorgt werden. Blumen- und Kräuterrabatten umspielen diese zentralen Kulturen.

Blumen waren zur Zierde da, fast ein wenig als die Lieblinge der Bäuerin hineingeschmuggelt, wurden aber auch als Altarschmuck und für kirchliche Feste benötigt. Kräuter dienten als Grundlage von Heilmitteln für Mensch und Tier. An das Würzen von Blattsalaten oder Quark hat vor 200 Jahren sicher noch keine Bäuerin auf dem Land gedacht.

Es gibt noch Beispiele historischer Bauerngärten, die ihre Grundform mit kreuzförmiger Wegeeinteilung samt Buchshecken und Zauneinfassung seit dem 19. Jahrhundert erhalten haben. Weitere Kreuzgärten mit Buchseinfassungen entstanden in den 1920er-Jahren. Sie wurden auf Gartenschauen als „Bauerngärten" präsentiert. Vorher gab es diesen Begriff nicht. Doch seit dieser Zeit und erst recht seit etwa zehn Jahren hat sich dieser Begriff für einen formal mit Buchshecken und kreuzförmigem Wegegrundriss angelegten Garten im Sprachgebrauch festgesetzt.

Die Gartenmoden wandeln sich

Sehr viele derart gestaltete Gärten, die es an Bauernhäusern oder vor ländlichen Gasthäusern gab, sind mit der voranschreitenden Modernisierung und dem Bauboom der Nachkriegszeit verschwunden. Aus Gärten wurden allzu oft Bau-

Am barocken Pfarrhaus schmiegt sich ein Buchsgarten mit Gemüsekulturen geschickt dem Gelände an. Viele Pfarrer auf dem Land haben sich früher auch als Gärtner und Landwirte betätigt und neue Nutzpflanzen und Kulturmethoden in den Dörfern eingeführt.

land oder Parkplätze. Die alten Gartenanlagen galten einige Jahrzehnte lang als altmodisch, ja altbacken. Gartenarchitekten stempelten sie als nicht mehr zeitgemäß ab, führten den Arbeitsaufwand und die Platzverschwendung als Argument gegen Buchshecken und Rosenrondelle ins Feld.

Volkskundler allerdings haben die wenigen gut erhaltenen Gärten, die neuen Trends getrotzt haben, Anfang der 1980er-

In Kontrast zur strengen Form des Buchses dürfen die Blumen frei wachsen. Etwas zierendes Gemüse mischt sich auch darunter. Das Buchsrondell bildet den optischen Mittelpunkt.

Jahre wieder neu entdeckt und begannen sie zu schützen und zu bewahren. Die historischen Gärten dienten mit ihren Buchshecken, ihren Zäunen und Gartenlauben als Vorbilder für neue Gestaltungen, die zunächst in Freilichtmuseen angelegt und einer breiteren Öffentlichkeit präsentiert wurden.

Den Zerstörungswellen ist zum Glück nicht alles zum Opfer gefallen. Einzelne Elemente der alten ländlichen Gartenkultur sind an vielen Stellen erhalten geblieben: von Dachwurzen gekrönte Sandsteinpfosten oder Mauerkronen, eiserne Staketenzäune, alte Gartenlauben, Buchsrondelle am Kreuzungspunkt der Wege, Buchsbüsche, duftende Moosrosen und uralte Pfingstrosenstöcke. Diese alten Gartenschätze verdienen weiterhin Wertschätzung und Schutz – und dienen als Inspiration für eigene Gartenträume.

Bauerngärten werden neu entdeckt

Viele Gartenbesitzer greifen heute die Gestaltungsidee der Bauerngärten wieder auf und legen Gärten in dem längst nicht mehr als altmodisch betrachteten Stil an. Diese neuen Bauerngärten erfüllen andere Bedürfnisse als die der früheren Generationen. In ihnen hat das zierende Element dem Gemüse den Rang abgelaufen. So wachsen in den Bauerngärten von heute fast nur Rosen und Kräuter. Sie sind eher Zier- als Nutzgärten, die sich aber an alten Vorbildern orientieren und dem Sortiment von „Alten Rosen", herrlichen Stauden und dekorativen Kräutern zu neuer Pracht verhelfen. Doch es gibt sie immer noch: die schönen großen ländlichen Nutzgärten mit den Buchseinfassungen, die an längst zurückliegende Zeiten erinnern, die in uns Ursehnsüchte nach dem Paradies wecken und unsere Seele erfreuen!

Die Klöster sind seit jeher die Hüter der Gartenkultur. Viele Zierpflanzen, wichtige Kräuter und Gemüse gelangten von hier aus in die Gärten der Bauern. Der Klostergarten auf der Insel Frauenchiemsee gefällt mit seiner Vielfalt an Blumen.

*Mit Buchshecken lassen sich kleine Gartenräume schaffen, in denen
Blumen, Kräuter und Rosen nach bestimmten Kriterien verteilt stehen.*

Der Abteigarten am ehemaligen Benediktinerkloster Seligenstadt am Main zeigt beispielhaft die historische Küchengartenkultur. In den Rabatten finden sich in Form geschnittene Obstbäumchen und Kräuter neben den Blumen. Niedrige Kräuterhecken fassen die Gemüsequartiere ein.

Ein beispielhafter Bauerngarten im Botanischen Garten Ulm als eine Art
Garten im Garten. Er zeigt den kreuzförmigen Wegegrundriss, der vier Beete
entstehen lässt, auf denen das Gemüse wächst. Am Rand entlang sind in einer
schmalen Rabatte die Heil- und Würzkräuter und ein paar Blumen aufgepflanzt. Eine alte Moosrose bildet den Mittelpunkt.

Ein historischer Küchengarten, in dem die Gemüse, die Kräuter und das
Obst, die im 17. und 18. Jahrhundert kultiviert wurden, aufgepflanzt sind.
Demnach sah damals der Speisezettel noch anders aus als heutzutage. Es
gab Gurken, Artischocken und Pastinaken. Aber es fehlten zu jener Zeit noch
unsere heiß geliebten Tomaten.

In diesem alten Bauerngarten ist die Buchshecke schon über hundert Jahre alt (oben). Der sehr große Garten hat immer noch die ursprüngliche Funktion als verzierter Nutzgarten, in dem das Gemüse die erste Geige spielt.

In anderen Gärten herrschen die Blumen vor (links). Auf sie legten die Bäuerinnen in früheren Zeiten ebenfalls großen Wert.

In neu angelegten Gärten im Bauern-
gartenstil gehen die Besitzer spiele-
risch mit dem Thema um. Ästhetik wird
großgeschrieben. Sorgfältig geschnittener Buchs
und zierende Elemente wie alte Gartengeräte
beleben die Szenerie.

Der immergrüne Buchs bildet die Grundstruktur.
Er gibt dem Garten auch im Winter ein Gesicht.
Man kann mit dem Strauch die Mitte eines
Gartens betonen oder den Akzent auf die Ecken
und die äußere Begrenzung setzen. Buchs eignet
sich sehr gut für niedrige geschnittene Hecken, die
Gemüse-, Kräuter- oder Blumenbeete einfassen.

Dieses Kreuzgärtchen hat sich an einem alten, leer stehenden Bauernhaus nahezu ursprünglich erhalten. Es hat auch noch den typischen, traditionellen Pflanzenbestand, zu der unbedingt die Madonnenlilie (auch Weiße Lilie genannt) gehört.

*Die Bäuerinnen hatten und haben Freude an den Blumen. Da wachsen
Sommerblumen und Stauden in buntem Durcheinander, Tagetes, Schmuck-
körbchen, Purpurrudbeckien und Herbstfetthennen. Auch Rosen und niedrige
Ziergehölze dürfen da nicht fehlen.*

Auch eine Art von Bauerngarten, abseits vom Haus auf dem freien Feld (oben): Hier in luftiger Umgebung wachsen Kohl, Möhren und Zwiebeln viel besser und gesünder als in Hausnähe. Üppige Dahlienstöcke und ein langes Band von Sommerblumen rahmen die Gemüse ein.

Stockrosen blühen von unten nach oben auf (links). Die langen, kerzenartigen Stängel stehen meist zu mehreren in Gruppen und in verschiedenen Farben nebeneinander. Sie lehnen sich gerne an Zäune an. Auffällig an den Stockrosen sind auch die körbchenartigen Samenstände, in denen dicht gedrängt die platten Samen sitzen.

Feuerlilien gehören wie die Madonnenlilien zum alten Blumenschatz im Bauerngarten. Sie sind robust und widerstandsfähig. Dagegen sind die asiatischen Lilien-Hybriden mit den riesengroßen Blüten noch nicht lange in unseren Gärten zu Hause.

Übrigens: Feuerlilien sind auffällige Gestalten mit einer interessanten Vermehrungsstrategie. In den Blattachseln bilden sich dunkle Brutknöllchen, die sogenannten „Bulbillen", aus denen neue Pflanzen entstehen. Die meisten anderen Pflanzen vermehren sich über Samen.

Im Berner Oberland in der Schweiz hat sich diese typische Einteilung der Beete mit Buchs erhalten. Tagetes leuchten aus der immergrünen Umrandung. Die Gemüse, die Blumen und die Kräuter wie die Minzen wachsen in ihrem jeweiligen Quartier.

Der einjährige Sonnenhut, der ursprünglich aus der Neuen Welt stammt, fühlt sich in den Gärten Europas ausgesprochen wohl.

Neben den niedrigen Beetsorten wie 'Toto' oder 'Becky' gibt es langstielige Schnittsorten wie 'Indian Summer' oder 'Marmelade', die sich in der Vase lange halten.

Dieser moderne Bauerngarten nimmt die Grundform der alten Bauerngärten auf. Die Besitzer gehen aber frei mit dem Thema um: Die Wege sind breiter als früher und das Zierende spielt eine größere Rolle.

Die prächtigen Blumen wecken im Betrachter romantische Gefühle. Phlox, Frauenmantel, Lilien und Rosen vereinen sich in schöner Farbharmonie zu einem stimmigen Bild.

Bunte Vielfalt im Blumengarten

Das unkomplizierte Nebeneinander der verschiedenartigsten Blumen macht den Reiz der Bauerngärten aus. Viele Menschen lassen sich davon bezaubern. Die bunte Pracht steht in lang gestreckten Rabatten entlang der Staketenzäune, der Wege und manchmal in einem Pflanzstreifen direkt am Haus.

Meistens ist es ein farbenfrohes Gemisch aus Sommerblumen und Stauden, duftenden Moosrosen und aromatischen Kräutern. Und eine Forsythie, ein Schneeballstrauch oder ein Flieder spähen über den Zaun, während sich Wicken und Jelängerjelieber als Zaungäste ein Stelldichein geben.

Blumen in kräftigen Farben geben in Bauerngärten den Ton an (links).

Farbsymphonie im Spätsommer und Herbst in Goldgelb, Lila und Rotbraun – die prächtigen Rudbeckien, Herbstastern, Goldruten und Phlox bestimmen das Bild (rechts).

Sommerblumen

Auf den Blumenbeeten stehen sie dicht an dicht: die straffen Blütenstängel der Zinnien und Sonnenhüte neben den kerzenartigen Löwenmäulchen. Daneben schwingen die zarten Schmuckkörbchen sanft im Wind. Die Blumengärtner können aus dem Vollen schöpfen: Die Pflanzenzüchter bieten ein riesengroßes Sortiment an bunten Blumenarten und -sorten an, gefüllt und ungefüllt, niedrig und hoch wachsend. Da gibt es die beinahe unglaubliche Vielfalt bei den Tagetes, die auch Studentenblumen heißen. Ohne diese Blumen mit ihrer starken Leuchtkraft und Blütenfülle könnte man sich Blumenbeete heutzutage gar nicht mehr vorstellen. Dabei sind sie noch gar nicht so lange in europäischen Gärten anzutreffen; sie kamen erst im 18. Jahrhundert aus Mexiko in unsere Gefilde. Aus Mexiko kamen auch die beliebten Zinnien und der Sonnenhut stammt aus Nordamerika. Die drei Sommerblumen sind allesamt Dauerblüher vom Sommer bis zum Spätherbst. Dazu liefern sie haltbare Blütenstängel für Sträuße.

Auf den Beeten gesellen sich Ringelblumen, Kornblumen, Sommerastern, Levkojen und Godetien hinzu. Sonnenblumen, Spinnenblumen, Fuchsschwänze und Bechermalven übernehmen im Sommer die Regie im Bauerngarten. Seltene Gäste sind dagegen die unscheinbare Reseda mit dem wunderbaren Duft oder die aufrechten Balsaminen.

Sommerblumen, die man trocknen kann, sind geradezu typisch für alte Bauerngärten. Die Wichtigsten sind: Jungfer im Grünen (auch bekannt als Gretel im Busch), Strohblumen, Sonnenflügel, Schleierkraut, Strandflieder und Ziergräser. In Trockensträußen erstrahlen sie für lange Zeit.

Versierte Gärtnerinnen und Gärtner sorgen selbst für die Vermehrung ihrer Sommerblumen. Sie nehmen von ihren Blumen die Samen ab, bewahren sie über Winter auf und säen sie dann wieder aus. So können sie im Frühjahr aus dem Vollen schöpfen. Manche Blumen säen sich auch selbst aus und sorgen so ohne Zutun der Gärtner für Blumenfülle.

Wicken betören mit ihrem feinen Duft. Den einjährigen Klettergewächsen tut es gut, wenn die Blütenstängel für Sträuße geschnitten werden. Dann blühen sie üppig und ausdauernd.

Zweijährige Blumen

Die zweijährigen Blumen haben in traditionellen Bauerngärten ihre Domäne. In ihrer ersten Vegetationsperiode bereiten sich die Zweijährigen auf ihren großen Auftritt vor und speichern Nährstoffe. Erst im zweiten Jahr nach der Aussaat zeigen sie dann ihre Blütenpracht. Am bekanntesten sind Stiefmütterchen und Hornveilchen, Fingerhüte, Stockrosen und Königskerzen. Duftender Goldlack und Vergissmeinnicht geben im Frühjahr den Auftakt bei den Zweijährigen. Etwas

Islandmohn, Vergissmeinnicht und Gänseblümchen geben sich im Frühjahr ein Stelldichein auf den Blumenbeeten.

später treten die romantisch anmutenden Marienglockenblumen und die Fingerhüte in Blau, Rosa und Weiß in ihren farbenfrohen Wettstreit. Die niedrigen Bartnelken, die Vexiernelken und die Stockrosen setzen dann den Blütenreigen bis lange in den Sommer hinein fort. Und manche zweijährige Blumen wie die Vexiernelken und die Stockrosen sind willkommene Gartenvagabunden – sie tauchen mal hier und mal da auf und verschwinden dann auch wieder.

Stauden

Stauden eröffnen in Gärten ganz ungeahnte Möglichkeiten. Bei ihnen ist die Auswahl noch viel größer als bei den Sommerblumen. In dieser Gruppe der ausdauernden Pflanzen finden sich passende Arten für jeden Platz, ob für die Sonne oder den Schatten, ob für ganz trockene oder für feuchte Böden. Da gibt es die niedrigen Polsterstauden wie Blaukissen und Federnelken und die große Gruppe der Schnittstauden wie Margeriten, Phlox und Herbstastern. Beliebt sind auch Bodendeckerstauden wie Geranien, mit denen die Gärtner wegen ihres dichten Wuchses wenig Arbeit haben.

Das Staudenreich liefert Blühendes fast das ganze Jahr hindurch. Im Unterschied zu den Sommerblumen sind es immer wieder andere Arten, die im Frühjahr, im Sommer, im Herbst und sogar im Winter mit ihren Blüten die Betrachter erfreuen. Übrigens zählen die Gärtner auch Tulpen, Narzissen und andere Zwiebelblumen zu den Stauden. Die bezaubernden Gestalten der Schneeglöckchen, Märzenbecher und Träubelhyazinthen entführen ins Elfenreich. Kaiserkronen und Tulpen stehen als Bewacher daneben. Die Zwiebelblumen ziehen nach der Blüte ein; im Sommer ist von ihnen nichts mehr zu sehen.

Lilien, Dahlien und Co.

Ganz typisch für Bauerngärten sind die Lilien und die Dahlien. Die Lilien bezaubern mit ihren weit offenen Blütenkelchen, seien es die Madonnenlilien oder Weißen Lilien, die Feuerlilien oder Asiatischen Lilien. Dahlien gefallen mit ihren interessanten Blütenformen. Sie heißen Kaktusdahlien, Seerosendahlien, Halskrausendahlien oder Pompondahlien. Allesamt machen sie mit ihren prächtigen Blüten in der Vase eine gute Figur! Daneben gehören in einen richtigen Bauerngarten auch Gladiolen, Montbretien, Canna, Knollenbegonien und andere im Sommer blühende Zwiebelblumen und Knollengewächse.

Blumen in Rabatten

Rabatten sind lang gestreckte Beete, die sich entlang eines Gebäudes, des Gartenzaunes oder entlang von Wegen erstrecken. In den traditionellen Bauerngärten rahmen niedrig geschnittene Buchshecken Rabatten ein. Gelegentlich finden sich aber auch halbhohe Kräuterhecken als Randbegrenzung. Und sollte in kühlen Klimaregionen der Buchs nicht mehr richtig wachsen, kann man sich auch anderweitig behelfen: Mit großen flachen Steinen, Brettern oder Holzbohlen sind die Beete im Handumdrehen abgegrenzt.

Auf den Beeten stehen die Blumen bunt gemischt und möglichst so, dass das ganze Jahr über immer etwas blüht. Ansonsten aber bieten sich mannigfaltige Gestaltungsmöglichkeiten. Manch Gartenfreund bepflanzt breite Rabatten stufig: vorne Fleißige Lieschen oder Sorten der Studentenblume, dahinter etwas höhere Zinnien, Löwenmäulchen, Sonnenhüte oder Bechermalven. In dritter Reihe schließlich thronen Schmuckkörbchen, Sonnenblumen, Herbstastern und Dahlien. Sollen die Blumenbeete dagegen einheitlich hoch bepflanzt sein, kann der Blumengärtner mit Farben spielen und Beete mit Sommerblumen Ton in Ton anlegen oder kunterbunt gestal-

Der Türkenmohn zieht mit seinen großen Blüten in leuchtendem Rot bewundernde Blicke fast schon magnetisch auf sich. Bei der Sorte Türkenlouis sind die Blütenblätter gefranst.

Die Muschelblume bringt die ungewöhnliche grüngelbe Blütenfarbe mit ins Spiel. Die einjährige Blume lässt sich gut trocknen und animiert zu floristischen Kreationen.

ten. „Weiße Beete" wirken elegant – im vergehenden Licht des Sonnenuntergangs wirken sie geheimnisvoll und verzaubern jeden Garten.

Mit den Blütenfarben lassen sich bestimmte Effekte erzielen. Fröhlich wirken Gelb- und Orangetöne. Rosa Farbtöne zaubern romantische Gefühle herbei. Aufmunternd wirken Beete mit rot blühenden Zinnien oder Löwenmäulchen. Das Wichtigste aber ist, dass es keine festen Regeln gibt und Gärtnerinnen und Gärtner ihrer Phantasie oder – je nach Gusto – der Natur und/oder dem Zufall freien Lauf lassen dürfen.

Einige besondere Pflanzen, die in die Höhe wachsen, können schließlich helfen, die Rabatten aufzulockern. Rosenhochstämmchen, Sonnenblumen, hohe Kräuterstauden wie Gewürzfenchel oder Eibisch bilden das vertikale Element!

Schmale Rabatten am Haus bepflanzen die Blumengärtnerinnen und -gärtner gerne mit niedrigen Balkonblumen und Sommerblumen, hier bunt gemischt mit Geranien, Feuersalbei, Tagetes, Männertreu und Fleißigen Lieschen.

In fröhlich stimmenden Farben zeigt sich diese rot-gelbe Kombination mit niedrig wachsenden Sommerblumen. Kleinblütige Tagetes (hinten) mit roten Fleißigen Lieschen (links vorn) und Koboldblume oder Gaillardia (rechts vorne).

Die aufrecht wachsende Ballonblume lockt mit ihren himmelblauen, dunkler geaderten Blüten viele Insekten an. Ihren Namen verdankt sie ihren ballon- artig aufgeblasenen Blütenknospen. Von der Staude gibt es auch eine weiß blühende Form.

So stellen sich viele einen typischen Bauerngarten vor: Herbstastern und Staudensonnenblumen am Staketenzaun vor üppig bepflanzten Balkonkästen.

Mit Blütenpracht durchs Bauerngartenjahr

Während viele Gartenfreunde sich gedanklich noch in der Winterpause befinden, steht das Blumenjahr schon in den Startlöchern. Es beginnt oft schon im Dezember mit den Christrosen und setzt sich fort mit früh blühenden Zwiebelblumen, mit Schneeglöckchen, Krokussen und frühen Tulpen. Polsterstauden setzen im Frühjahr zusammen mit Tulpen, Narzissen und Kaiserkronen Akzente. Dann kommt die gelb blühende Gämswurz, die als Partner unbedingt hohe gelbe und rote Tulpen haben sollte. So sieht der Frühling aus! Die Kaiserkronen schieben sich kräftig aus dem Boden heraus und geben schließlich auf den Beeten den Ton an. An den Rändern der Rabatten breiten sich derweil die Polsterpflanzen aus: die Gänsekresse, das Steinkraut und das Blaukissen. Und immer wieder Tulpen der verschiedensten Art und Narzissen, entweder protzig mit dottergelben Trompetenblüten oder schüchtern und zart duftend als Dichternarzisse.

Und schon warten die Bauern-Pfingstrosen und die Iris auf ihren großen Auftritt. Im Frühsommer geht es Schlag auf Schlag: Fast an jedem Tag öffnet eine neue Staude die Blüten. Roter Türkenmohn, weiße Gartenmargeriten und blauer Rittersporn malen ein farbintensives Bild.

Es geht gleich weiter mit den Phloxen, die dann zu den Sommerblühern überleiten – den üppigen Sonnenaugen, den Indianernesseln und den Taglilien. Die Phloxe umspielen wei-

Die Küchenschelle liebt es, wenn sie sonnig und trocken stehen kann. Ihre offenen Blüten locken Bienen und Hummeln an. Die Imker schätzen sie als frühe Bienenweide! Links im Hintergrund leuchten die schönen blauen Blüten des Gedenkemein aus dem grünen Laub.

terhin die Hochsommerblüher, die Sonnenbräute und Sonnenhüte, die Eisenhüte und die Goldruten. Der Hochsommer gehört hauptsächlich den Sommerblumen, die sich seit dem Pflanzen im Mai üppig entfaltet haben und jetzt reichlich Stängel für Sträuße liefern.

Ein fulminanter Höhepunkt im Bauerngartenjahr ist immer die Herbstasternblüte. Herbstastern lassen sich zusammen mit Dahlien zu üppigen Sträußen binden. Beide Blumenarten zusammen stehen für viele Menschen als Symbol für den Ern-

tedank – bis heute vor allem auf dem Lande ein wichtiger Termin im Kirchenkalender.

Mit den Herbstastern ist das Staudenjahr jedoch noch nicht zu Ende; es folgen noch die Winterastern oder Herbstchrysanthemen, die bis über die erste Frostphase hinaus für Farbtupfer im Garten sorgen. Sie bringen die leicht verwaschenen Farben des Herbstes mit – Altrosa, Bronzegelb, Orange, Kupferfarben, Cremeweiß. Auch die Winterastern haben übrigens, wie die meisten Bauerngartenstauden, Blütenstängel für die Vase.

Eine Edelpfingstrose legt ihre schwer gefüllten Blütenköpfe auf der Buchshecke ab. Auch dazu ist der Buchs gut!

Im Frühling sehnen sich die Menschen nach aufmunternden Gelb- und Orangetönen. Was könnte es da Besseres und Schöneres geben als in leuchtenden Farben blühende Tulpen und Narzissen?

Krokusse sind willkommene Frühlingsboten. Auch Bienen und Hummeln fliegen auf sie!

Polsterpflanzen wie die weiß blühende Gänsekresse und das gelb blühende Steinkraut gehören in den Frühjahrsgarten – hier lassen sie das triste Grau des überstandenen Winters schnell vergessen.

Farbintensives Frühjahrsbild einer Blumenrabatte mit Tulpen, Kaiserkronen und Gämswurz. Und dazwischen versuchen bereits die dunkelroten Triebe einer Edelpfingstrose, sich ihr Plätzchen im heiß begehrten Sonnenlicht zu sichern.

Solche Frühlingsblumenbeete werden mit den Jahren übrigens immer schöner. Man braucht nur etwas Geduld und Liebe und darf nicht zu viel mit der Hacke daran arbeiten.

Die Grasnelke bildet herrliche Polster mit schmalen, dunkelgrünen Blättchen. Die Staude lässt sich einfach teilen und gibt als Einfassung von Stauden- und Rosenbeeten eine gute Figur ab.

Crispa-Tulpen mit ihren typisch gefransten Blütenblättern haben lange, stabile Stiele. Sie passen schön in Frühlingsstaudenbeete mit Akeleien, die ungefähr zur gleichen Zeit im Mai zu blühen beginnen.

Im späten Frühjahr und Frühsommer haben die Stauden ihren großen Auftritt. Fruhjahrsaster und Storchschnabel setzen hübsche blaue Farbtupfer in die Beete.

Bauern-Pfingstrosen gehören zum Grundbestand in Bauerngärten. Die sehr langlebigen Stauden können viele Jahrzehnte lang am gleichen Platz stehen und werden über die Jahre immer schöner.

Die Karpaten-Glockenblume (oben) bezaubert mit ihren Blütenglöckchen in Blau oder Weiß. Die niedrig wachsende Polsterstaude passt gut an den Rand von Rabatten, in den Steingarten oder auf Trockenmauern. Andere Glockenblumen-Arten wachsen höher und haben aufrechte Stängel.

Wie ein Reifrock sehen die gefüllten Blüten der Akelei (links) aus. In alten Bauerngärten werden solche seltenen Formen gelegentlich noch gepflegt.

*Der Türkenmohn darf in der Stau-
denrabatte nicht fehlen! Beim Öffnen
der prallen Blütenknospen gibt er dem
Betrachter ein eindrucksvolles Schauspiel. Zunächst zeigt sich ein schmaler Spalt zwischen den
behaarten Hüllblättern – die springen auf und
die geknitterten roten Blütenblätter entfalten sich.
Und auch nach der Blüte wirken die Stängel mit
ihren großen Mohnkapseln noch attraktiv.*

*Staudengärtnereien führen viele Sorten des
Türkenmohns in leuchtendem Signalrot, aber
auch rosafarbene und fast weiß blühende
Varietäten.*

Zurückhaltend und elegant wirkt solch ein Staudenbeet in Blautönen mit Zierlauch, Wollziest, Iris und Ziersalbei bepflanzt. Da darf im Blumenbeet gern auch ein wenig „Unordnung" herrschen.

In bäuerlichen Gärten stehen Balkonblumen auch auf Beeten. Das Männertreu leistet hier Geranien und Eisbegonien Gesellschaft (oben).

Der einfache Klatschmohn vom Feld hat sich hier vor einer orangefarbenen Hausfassade passend in Szene gesetzt (links). So springen die interessanten, sich neigenden Blütenknospen erst recht ins Auge des Betrachters.

Die Schleifenblume ist ein seltener, kurzlebiger Gast in Bauerngärten. Die Sommerblume sät sich immer wieder selbst aus. Blumenfreunde, die gerne selbst aussäen, können von der Schleifenblume jedoch problemlos die großen Samen abnehmen und an anderer Stelle wieder neu säen.

Neben der abgebildeten Sorte gibt es auch weiß blühende Schleifenblumen. „Schleifenblume" heißt auch eine ausdauernde Polsterpflanze für den Steingarten. Diese blüht im Frühjahr weiß über kompaktem, wintergrünem Laub.

Der Inbegriff einer Sommerblume: Die strahlend gelbe Sonnenblume darf in einem ländlichen Garten nicht fehlen. Die hohen Stängel lehnen sich gerne an einen Zaun oder an einen Stab an.

Ringelblumen wachsen in fast jedem Bauerngarten. Die Korbblütler bringen
die fröhlich stimmenden Farben Gelb und Orange mit. Hier stehen sie kombi-
niert mit der seltenen Spinnenblume, die durch ihre bizarr geformten Blüten
auffällt.

Die Ringelblume ist übrigens nicht nur etwas fürs Auge und fürs Gemüt.
Aufgrund ihrer antibakteriellen, entzündungshemmenden und wundheilenden
Eigenschaften wird sie zu Tees und Salben weiterverarbeitet.

Fuchsschwanz oder Amaranth heißt diese beliebte Bauern-
gartenblume, die – je nach Art – mit ihren hängenden oder
stehenden Blütenähren auffällt (oben). Der Fachhandel führt
Sorten mit roten, grünen, weißen oder sogar bronzenen Blütenähren. Der Amaranth ist nicht nur eine dekorative Zierpflanze,
sondern gleichzeitig eine Nutzpflanze, von der man auch die
Samen ernten kann. Dies sind die Amaranth-Körner, die man
aus Müsli-Mischungen oder von Backwaren kennt.

Strohblumen sind hübsche Trockenblumen; es gibt sie in Gelb-,
Orange- und Rottönen und gelegentlich mischt sich ein weiß
blühendes Exemplar darunter. Die Stängel am besten schneiden, so lange die Blüten noch nicht ganz geöffnet sind und zum
Trocknen kopfunter aufhängen.

Sonnenhüte sind im Blumenbeet wegen ihrer Leuchtkraft und lang andauernden Blüte nahezu unentbehrlich. Ihre Blüten sehen aus wie kleine Sonnenblumen. Es gibt sehr viele Sorten, ganz niedrige und hohe, meistens dottergelb mit brauner oder braunroter Mitte.

Tipp: Man sollte möglichst viele Stängel für Sträuße schneiden – umso üppiger blühen die Sommerblumen.

Bechermalven (oben) laden zum genauen Betrachten der wunderschön gezeichneten Blüten ein!

Im Zusammenspiel mit hohen Zinnien und niedrigen Studentenblumen ergeben Bechermalven ein farblich stimmiges Beet (rechts).

Die Kokardenblume oder Gaillardia (oben) setzt fröhlich-bunte Farbtupfer ins Blumenbeet. Das Abgeblühte sollte regelmäßig herausgeknipst werden, damit sich neue Blütenknospen bilden können.

Die Godetie oder Sommerazalee (links) gab es schon zu Urgroßmutters Zeiten. Blumenfreunde entdecken die Art wieder neu.

'Toto' heißt diese niedrige, kompakt wachsende Sorte des Sonnenhuts mit weit geöffneten Blütenköpfchen. Die früh und lang blühenden Pflanzen mögen es gern sonnig, schlechtes Wetter macht ihnen aber auch nichts aus.

Ein stufig aufgebautes Blumenbeet verwandelt sich in eine farbenfrohe Blütentreppe. Hier bilden blauer Mehlsalbei, weiße Löwenmäulchen und rote Fleißige Lieschen die Stufen. Bei flächiger Pflanzung einer Sommerblumenart und Sorte entsteht eine eindrucksvolle Fernwirkung.

Vom Mehlsalbei gibt es außer den blauviolett blühenden Sorten auch solche mit silberweißen Blütenähren. Beim Löwenmäulchen haben die Blumengärtner die Wahl zwischen sehr vielen Sorten in allen Farben, auch zweifarbigen, hohen und niedrigen, ungefüllten und gefüllten Varianten.

Buchshecken umrahmen die vielseitige Sommerblume Tagetes (oben). In diesem verzierten Nutzgarten haben Blumen, Gemüse, Kräuter und Buchs ihren Platz.

Tagetes oder Studentenblumen wachsen in Töpfen und Trögen genauso gut wie auf Beeten (links). Die Studentenblumen sorgen für lange anhaltenden Blütenflor bis in den späten Herbst hinein. Ihre rundum positiven Eigenschaften haben sie zu einer äußerst beliebten Sommerblume gemacht. Einziger Wermutstropfen: Auch Schnecken mögen diese Blume. Sie fallen über die zarten Blätter und Triebe her und raspeln sie innerhalb weniger Stunden vollständig ab. Da hilft nur gründliches Ablesen der Kriechtiere oder das Ausstreuen von umweltfreundlichem Schneckenkorn.

Von Zinnien können Blumengärtner nicht genug haben. Die Sommerblumen stehen auf straffen Stielen und machen auf den Beeten wochenlang eine gute Figur. Sie sind ebenfalls hervorragende Schnittblumen, die sich in der Vase sehr lange halten. Man hat die Wahl zwischen niedrigen Sorten, kleinblumigen 'Liliput'-Zinnien, langstieligen 'Dahlienblütigen Riesen' oder mehrfarbigen 'Candy Cane'-Zinnien.

In der Rabatte gesellen sich einjähriges Bohnenkraut (vorne) und violette Schmuckkörbchen (hinten) hinzu.

Solch ein prächtiger Staudenphlox zieht die Blicke auf sich – immerhin ist die Zierpflanze auch unter dem Namen Flammenblume bekannt. Der Staudenphlox ist eine der wichtigsten Blumen auf den Rabatten der Bauerngärten. Damit er üppig blüht, braucht er ausreichend Wasser und gute Düngung. Bei trockenem Boden geht er schnell ein.

Die Dachwurz oder Hauswurz galt den Menschen in früheren Zeiten als
Zauberpflanze, die Blitz und Unheil von den Höfen fernhielt. Dieser alte
Volksglaube lebt in dem Brauch fort, die Staude auf Mauerkronen, auf Zaun-
pfosten oder gar auf Dachfirste zu setzen. Mit der Zeit bildet die Dachwurz
dichte Polster.

Jetzt ist Sommer! Taglilie (oben) mit ihren eleganten, lilienartigen Blüten, deren Knospen man auch essen kann.

Die Blütenbüschel der violettblau, fliederfarben und weiß blühenden Knäuel-glockenblumen (rechts) bestehen aus mehreren Blüten – daher auch ihr Name.

Stockrosen (oben) wachsen kerzenartig in die Höhe. Die einzelnen Blüten öffnen sich von unten nach oben; sie zeigen sich in den verschiedensten Farben offen oder dicht gefüllt.

Das Sonnenauge (links) blüht über Wochen und Monate. Auch die Einzelblüten bleiben viele Wochen lang schön. Die dekorative Staude bildet mit der Zeit große Büsche, die je nach Sorte über mannshoch werden können.

Wie ein bunt gewebter Teppich sehen die Blumenbeete im Hochsommer aus: Phlox, Sonnenhut und Sonnenauge leuchten farbenfroh um die Wette (oben). Dazwischen stehen Stauden, die ihrem großen Auftritt noch entgegenfiebern oder ihn wie die Pfingstrosen schon hinter sich haben.

Die Purpurrudbeckie, die aus Nordamerika kommend ihren Siegeszug in europäischen Gärten antrat, darf in keinem Bauerngarten fehlen. Die drahtigen Stiele stehen ganz aufrecht.

Phlox, Lilien und Rosen harmonieren in dieser Rabatte farblich wundervoll miteinander – da wird es dem Betrachter kaum schwerfallen, im Sommer rosige Zeiten zu erleben.

Zu dieser Zeit hat der Staudenphlox seinen großen Auftritt. Mit seinen leuchtenden Farben in kräftigem Rosa, Pink oder Violett wirkt er weit in die Ferne. Auch die weiß blühenden Sorten wie 'Pax' oder 'Mrs. Lingard', die besonders im Dämmerlicht zur Geltung kommen, sollte man nicht vergessen. Die Stauden gedeihen besonders gut auf einem nährstoffreichen, humosen Boden, der genügend feucht gehalten wird.

Zwei bewährte Bauerngartenstauden: Ehrenpreis und Phlox.

Die Kugeldistel mit ihrem ebenmäßigen Blütenaufbau lädt zum genauen Betrachten ein. Eine Attraktion sind die Blüten auch für Schwebfliegen, Bienen und Hummeln, die sich hier mit süßem Nektar versorgen.

Niedrige Dahlien (links) geben im Vordergrund einer Rabatte eine gute Figur
ab – entweder als Einzelstaude oder viele Exemplare einer Sorte in einer
Reihe gepflanzt.

Montbretien sehen aus wie kleine Gladiolen (oben). Sie sind seltene Gäste
in Bauerngärten. Man pflanzt sie am besten in Reihen oder Gruppen. Sie
eignen sich vorzüglich für den Schnitt.

Dahlien sind wahrscheinlich die beliebtesten Bauerngartenblumen. Richtige Schönheiten, die im Garten und in der Vase dekorativ aussehen. Ihre zahllosen Zuchtformen präsentieren sich in vielen Farben und Farbkombinationen.

Es wird Herbst im Staudengarten: Die Herbstanemonen öffnen
ihre Blüten (oben). Wie feines Porzellan wirken die offenen
Schalenblüten in einem zarten Rosa. Staudengärtner bieten
auch weiß blühende Sorten und solche mit gefüllten Blüten-
schalen an. Die Blüten der Herbstanemonen hellen halbschat-
tige Plätze im Schatten vor Bäumen oder Gebäuden auf. Im
Hintergrund wächst die Goldrute.

Die Herbstastern (links) blühen rechtzeitig zur Kirchweih. Ein
Kranz von vielen schmalen Blütenblättchen legt sich um das
Innere der Korbblüten.

Herbstastern wachsen hoch und buschig und lehnen sich gerne an Zäune an. Herrlich sieht es aus, wenn mehrere Sorten mit unterschiedlichen Blütenfarben nebeneinander stehen.

Wie andere beliebte Bauerngartenblumen gelangten übrigens auch die Herbstastern aus Nordamerika in unsere Gärten.

Rosen, Kletterpflanzen und Ziersträucher

Was wäre ein Garten ohne Rosen? Bereits in den traditionellen Bauerngärten stand meist eine einzige Rose im Zentrum des Gartens in einem Buchsrondell oder angelehnt an einen Gartenzaun. Nur leider bot diese stets eine vergängliche Pracht.

Denn in den Gärten des 18. und frühen 19. Jahrhunderts gab es nur Zentifolien und Moosrosen, Essigrosen, Alba-Rosen, Damaszenerrosen und einheimische Wildrosen. Diese „Alten

Rosen" blühen wie Wildrosen nur einmal im Jahr, im Juni, und setzen dann Hagebutten an. Es folgt allenfalls noch eine kleine Nachblüte. Erst die China-Rose, die Ende des 18. Jahrhunderts aus China eingeführt wurde, brachte die Eigenschaft mit, öfter zu blühen.

Die Rosenzüchter haben uns seither eine unglaubliche Fülle neuer Sorten beschert. Die modernen Gartenrosen haben die herausragende Eigenschaft, dass sie den ganzen Sommer über blühen, mal mehr und mal weniger üppig, zwischendurch legen sie auch einmal ein Päuschen ein. Auch sind die modernen Rosen meistens gesünder als die alten Sorten und werden

Viele Generationen von Gärtnern haben sich schon an dem feinen Fliederduft erfreut. Damit der Strauch dem Gemüse und den Blumen nicht das Licht wegnimmt, wird er oft in eine Ecke des Bauerngartens „verbannt". Oftmals erfüllt er auch den praktischen Nebeneffekt einer Blütenhecke oder eines Sichtschutzes.

Der Siegeszug des Flieders begann in der Mitte des 16. Jahrhunderts, als er von einem österreichischen Gesandten aus Istanbul nach Wien gebracht wurde. Über Frankreich hielt er dann auch in den Bauerngärten Mitteleuropas Einzug.

nicht so stark von Rosenrost, Mehltau und Sternrußtau befallen. Für diese neue Eigenschaft haben sie jedoch oft ihren Duft eingebüßt.

Heute legen die Rosenzüchter allerdings wieder Wert darauf, duftende Rosen zu kreieren, die den Charme alter Bauerngartenrosen mitbringen. Mit Erfolg. Und so gibt es viele neue attraktive Sorten mit gefüllten und duftenden Blüten.

In traditionellen Bauerngärten fehlen die üblichen Ziersträucher – aus dem einfachen Grund, dass sie den Blumen, dem Gemüse und den Kräutern Licht und Platz wegnehmen. Allenfalls ein Flieder, eine Forsythie, ein Schneeball oder eine Hortensie finden Platz in den Ecken, wo sie nicht stören. Dagegen finden sich häufig Klettergewächse an den Eingangsbögen oder an den Zäunen, beispielsweise großblumige Clematis, Staudenwicken oder Jelängerjelieber.

Eine „Alte Rose" wie sie typischer nicht sein könnte: Prall gefüllte Blüten mit Blütenblättern in einem zarten Rosa. Ein zarter, oft zitroniger Duft entströmt ihnen. Eine zusätzliche Zierde sind die behaarten Blütenhüllblätter. Diese Zentifolie heißt deswegen Rosa centifolia Cristata.

Ein hübscher Anblick, wenn sich die Rosen an einen Zaun anlehnen können. So finden die überhängenden, schweren Blütenköpfe einen festen Halt. Und wer möchte beim Vorübergehen nicht an den Blüten schnuppern? Doch Vorsicht: Dornen!

Glücklicherweise gibt es seit einiger Zeit moderne Rosenzüchtungen mit dem Charme der „Alten Rosen", die dicht gefüllte Blüten haben und gleichzeitig intensiv duften. Der Lavendel darunter verstärkt noch das wunderbare Dufterlebnis.

Die „Alten Rosen" finden sich in den Rosenkatalogen und bei den Rosengärtnern unter der Kategorie Strauchrosen. Diese Rosengruppe kommt den Wünschen vieler Bauerngartenbesitzer entgegen. Da kann man sich oft gar nicht entscheiden zwischen Sorten mit Namen, die das eine Mal verheißungsvoll mysteriös klingen und das andere Mal romantische Gefühle erwecken: Soll es nun eine 'Gertrude Jekyll', 'Leonardo da Vinci', 'Charles Austin', 'Eden Rose' oder 'Raubritter' sein?

Die 'Rose de Resht' (oben) bleibt niedrig und fügt sich gut in Staudenpflanzungen ein. An ihren eigenartigen fuchsienroten Blüten ist die Sorte gut zu erkennen.

Die Sorte 'Salet' (links), eine Moosrose, blüht fast den ganzen Sommer hindurch.

Eine Rosenrabatte Ton in Ton mit einer alten, namenlosen Sorte der Iris oder Schwertlilie und einer Moosrose.

Ihren Namen verdanken die Moosrosen nicht etwa einer Vorliebe, in der Nähe von moosigen Flächen zu wachsen, sondern dem moosartigen Aussehen der Kelchblätter. Die auch Zentifolien genannten Pflanzen bezaubern mit ihrem feinen, manchmal zitronenartigen Duft. Dem Charme einer 'Muscosa' oder 'Fantin Latour' kann sich kaum jemand entziehen. Es sind die Rosen, die unsere Ururgroßmütter in ihren Gärten hatten, bevor die modernen Gartenrosen zu ihrem Siegeszug angetreten sind.

Die niedrige Strauchrose 'Bella Rosa' passt gut in ein Blumenbeet oder zu ausdauernden Kräutern wie dem Gartensalbei 'Icterina'.

Die unverwüstliche Bodendeckerrose 'The Fairy' passt in jeden Bauerngarten. Die Sorte ist sehr gesund, blüht ausdauernd und verbreitet romantisches Flair. Sehr hübsch sieht sie auch als Hochstämmchen aus. Da lässt sich es doch ganz gut verkraften, dass sie kaum duftet.

Die Kletterrose 'New Dawn' (oben links) gefällt mit porzellan-rosafarbenen Blüten, die wie Edelrosen aussehen. Die Sorte eignet sich auch gut als Vasenschmuck. Vorsichtige Gärtner wappnen sich beim Schneiden mit dicken Lederhandschuhen – die 'New Dawn' hat viele große Dornen.

Die Kletterrose an einem Rosenbogen (oben rechts) bereitet Besuchern ein freundliches Willkommen.

Die Ramblerrose 'Apple Blossom' (unten links) klettert an alten Bäumen empor und schickt ihre langen Triebe bis in die Wipfel.

Passende Rosen für Bauerngärten finden sich bei den Kletterrosen oder den Ramblerrosen. Rosen wie die kleinblütige Ramblerrose 'Maria Lisa' sind sehr dekorativ.

Mit ihren dünnen Trieben eignet sie sich ideal zum Beranken von Maschendrahtzäunen, sie erobern sogar alte Obstbäume für sich. Wenn sie sich frei entfalten darf, klimmt sie auch ins Geäst höherer Bäume hinein. 'Maria Lisa' schmückt sich im Juni und Juli wochenlang mit ihren Blütchen. Doch wie bei den einmal blühenden Rosen üblich, ist es danach mit der Blütenpracht vorbei.

Rot blühende Kletterrosen wie 'Sympathie' oder 'Flammentanz' schmücken ältere Bauernhäuser (linke Seite, oben). Für den Weinstock auf der anderen Seite der Türe ist das warme Klima an der Südseite der alten Gemäuer ideal.

Die Staudenwicke braucht wenig Platz (linke Seite, unten links). Leider duftet sie bei weitem nicht so herrlich intensiv wie die einjährigen Wicken.

Es müssen nicht immer Rosen sein: Waldreben oder Clematis (linke Seite, unten rechts) eignen sich genauso gut zum Beranken von Eingangsbögen – und haben den Vorteil nicht zu stechen.

Exotische Topfpflanzen wie die Passionsblume oder Passiflora (rechts) sind in Bauerngärten beliebt. Die Klettergewächse tragen sogar manchmal Früchte, die Maracujas!

Der Rotdorn wächst als kleiner Baum. Ein geeigneter Platz für ihn ist eine Ecke im Bauerngarten, wo er Gemüse und Blumen nicht beschattet.

Ein genügsamer Zwergflieder (oben rechts) nimmt mit wenig Platz am Lattenzaun vorlieb.

Forsythiensträucher (unten links) dürfen in Bauerngärten nicht fehlen. Die langen Äste sind für Sträuße in der Osterzeit unentbehrlich!

Schön, aber verhängnisvoll: Der eindrucksvolle Goldregen (unten rechts), zur Blütezeit unvergleichlich schön, ist hoch giftig!

Topfgarten

Blütenpracht für jeden Winkel, diesen Gärtnerwunsch erfüllen Topfpflanzen. In ländlichen Regionen kümmern sich Bäuerinnen liebevoll um Geranien und Co. Balkonblumen in bunten Farben schmücken die Fenster, Kübelgewächse bevölkern den Hofplatz und Zimmerpflanzen wie Asparagus oder Pfennigstrauch ziehen im Sommer zur Frischluftkur ins Freie.

Auf Bauernhöfen sieht man traditionell viele imposante Kübelpflanzen, auch weil es in nicht mehr genutzten Ställen und Hofgebäuden gute Plätze zum Überwintern gibt. In modernen Häusern findet sich oft kein gutes Winterquartier, das die richtige Temperatur und das nötige Licht bietet. Es sei denn, ein Licht durchfluteter Wintergarten steht zur Verfügung. So stehen viele Töpfe mit Agaven, Lantanen, Hibiskus und Oleander rund um die Bauernhäuser. Und nicht zu vergessen die Würzkräuter Lorbeer und Rosmarin, die man wie Kübelpflanzen zu behandeln hat.

Als Alternative zu den genannten Kübelpflanzen, die im Haus überwintern müssen, bieten sich einjährige Balkonblumen

Agaven mit ihren bizarren Blättern und spitzen Dornen haben von jeher ihren Stammplatz an den Bauernhäusern. Riesengroße Exemplare, die kaum noch in Kübel passen, stehen vor den Stalltoren. Es gibt einheitlich grün gefärbte Sorten, solche mit cremeweißen Rändern und andere, bei denen die Blätter in der Mitte hell sind.

Bei so viel Glücksklee muss das Glück dem Haus doch hold sein! Der Glücksklee oder Oxalis ist eine robuste, pflegeleichte Topfpflanze, die im Haus überwintert.

an. Sie geben in Kästen oder größeren Töpfen eine gute Figur ab. Die Gärtner haben eine farbenfrohe Palette von Geranien, Petunien, Verbenen, Fuchsien, Fleißigen Lieschen und vielen mehr im Sortiment. Auch einjährige Sommerblumen und viele Stauden eignen sich für die Topfbepflanzung. Funkien in Töpfen werten schattige Plätze auf, Fetthenne und Hauswurz sind dagegen für sehr trockene,

sonnige Standorte geeignet. Und an einem geschützten Platz können die Stauden sogar draußen überwintern.

Kreative Gärtner(innen) probieren immer wieder etwas Neues aus und kombinieren Pflanzen in ungewöhnlichen Farben und mit interessanten Blattstrukturen. So lässt sich mit wenig Aufwand der oft so graue Platz ums Haus bunt gestalten.

Geranien und Petunien, umspielt von Steinkraut und dazu ein Zierspargel oder Asparagus, eine Zimmerpflanze, die im Sommer eine Freiluftkur draußen verbringt.

Das Purpurglöckchen ist ein ausdauerndes Gewächs, das normalerweise im Garten an den Beeträndern steht. Die Bäuerinnen in der Alpenregion pflan zen die dekorative Staude auch in Balkonkästen.

Pflanzen mit ungewöhnlichen Formen und Farben kommen in Töpfen am besten zur Geltung. Eindrucksvoll demonstriert dies eine besondere Form des Sauerklees mit purpurroten Blättern und rosafarbenen Blütchen.

Geranien (oben), mal stehend und mal hängend. Die Farben korrespondieren mit dem roten Klinkermauerwerk. Geranien sind die beliebtesten Balkonblumen, nicht zuletzt weil sie wenig Wasser brauchen. Man kann sie im Sommer ruhig ein paar Tage lang alleine lassen. Das nehmen sie nicht übel. Nur das Ausputzen des Abgeblühten sollte man nicht vergessen – und genügend Dünger brauchen sie auch.

Allerlei ausrangierte Gefäße dienen in den Garten auf dem Land als Blumenkübel (unten). In dem Holzbottich fühlen sich Petunien und Geranien wohl.

*Der Oleander wurde mit seiner Blü-
tenfarbe passend zum Hausanstrich
gewählt. Oleander braucht viel Wasser
und Nährstoffe, damit er üppig blüht.*

*Oleander blüht in heißen Sommern am schönsten.
Dann wird er seinem Zweitnamen „Rosenlorbeer"
gerecht – die Blätter immergrün wie ein Lorbeer
und die Blüten wie eine Rose.*

Gemüse, Kräuter und Obst
im Bauerngarten

Knackiger Salat, aromatische Minzen und fruchtige Erdbeeren – so stellen wir uns einen Nutzgarten vor. So richtig aus dem Vollen schöpfen, mal dieses und jenes aus dem Garten holen für den Salatteller, fürs Dessert oder für den Kuchen. In früheren Zeiten war es selbstverständlich, dass vieles von dem, das auf den Tisch kam, aus dem eigenen Garten stammte. Heute ist kaum noch jemand auf Selbstangebautes angewiesen. Vielen Gartenbesitzern bereitet es aber Freude, dem Gemüse und dem Obst beim Wachsen zuzuschauen und mit besonderen Sorten zu experimentieren.

Üppige Fülle ist ein Kennzeichen ländlicher Nutzgärten. Dass es hier etwas zu holen gibt, wissen auch die Amseln und andere Vögel. Ausgediente CDs müssen deshalb als moderne Vogelscheuchen herhalten (links).

Ein Beispiel für die nahezu unglaubliche Farben- und Formenvielfalt bei den Tomaten ist die Sorte 'Birnenförmige Sibirische' (rechts).

Gemüse im Bauerngarten

Ein formal angelegter Bauerngarten ist ideal zum Anbauen von Gemüse. Die Pflanzen bekommen genügend Licht und die Einteilung in vier Beete erlaubt eine gute Planung etwa für eine gezielte Fruchtfolge. Manch einer zieht es vor, Salat an Salat zu pflanzen oder zu säen, ein anderer bevorzugt Mischkulturen mit einem bunten Gemüsemix. Die Kombinationen haben auch ihren optischen Reiz, wenn zum Beispiel rotblättriger und grünblättriger Pflücksalat nebeneinander gedeiht oder sich Sellerie und Blumenkohl abwechseln.

Kaum ein Gemüsegarten kommt ohne Salate aus. Da gibt es die Schnitt- und Pflücksalate, die Kopfsalate, die Eissalate, die Romana-Salate und für den Herbst die Endiviensalate und den Zuckerhut. Weitere Vertreter des Blattgemüses sind der Spinat und der Feldsalat, der Rucola und die Wilde Rauke. Und der fast vergessene Mangold aus Urgroßmutters Zeiten kommt derzeit mit interessanten buntstieligen Sorten zu neuen Ehren. Das Kohlgemüse dagegen baute man früher lieber auf dem Feld an, wo Kohl, Wirsing und Rosenkohl und auch Möhren besser wachsen als im Garten am Haus.

Lohnender ist da der Anbau von Hülsenfrüchten wie Bohnen und Erbsen, zumal es die kaum frisch im Laden zu kaufen gibt. Umso wichtiger und interessanter ist es, diese Arten im Garten zu haben. Stangenbohnen oder Feuerbohnen samt ihrem Stangengerüst fungieren gleichzeitig als hübsches Gestaltungselement.

Steck- und Säzwiebeln, Porree und Knoblauch gehören zum Grundbestand im Bauerngarten. Vor allem Steckzwiebeln las-

Gartenthymian und Buchs gab es schon bei den Römern. Auch hierzulande werden sie schon seit Jahrhunderten kultiviert.

sen sich ganz einfach kultivieren – man muss sie nur hacken und kann sie ansonsten sich selbst überlassen. Hacken ist auch wichtig bei den Wurzelgemüsen, also Rettich und Radies, Möhren und Rote Bete, Pastinaken und Petersilienwurzeln.

Besonders interessant sind die Fruchtgemüse, allen voran die Tomaten, das mit Abstand beliebteste Gemüse. Allerdings ist es ratsam, diese Sonnenkinder unter einem Dach oder in einem speziellen Tomatenhaus anzubauen, sodass sie möglichst immer trocken bleiben. Dann sind die Pflanzen einigermaßen sicher vor der Kraut- und Braunfäule, die manchmal ganze Ernten zunichte macht. Tomaten mögen es warm und sonnig. Noch verwöhnter aber sind Paprika und Aubergine. An diese Gemüse sollten sich nur Gärtner wagen, die in sehr warmen Gefilden wohnen.

Die Zucchini ist noch nicht so lange in Mitteleuropas Gärten zuhause. Mittlerweile möchte man sie nicht mehr missen. Die Zucchinifrüchte wachsen manchmal zu riesigen, bizarren Gestalten heran. Zum Essen sind sie jung und zart besser.

Zwei ausdauernde Kräuterstauden: Alant und Eibisch. Beide wachsen auf guten Böden zu mächtigen, über zwei Meter hohen Stauden heran. Sie brauchen deshalb reichlich Platz am Rand der Rabatte.

In manchen Regionen wie etwa im Berner Oberland versteht man sich bestens darauf, Spalierbirnen kunstvoll heranzuziehen. Dies ist dann meistens Männersache.

Der Mangold zieht wieder in die Bauerngärten ein! Die Sorte 'Bright Lights' wächst mit Stielen in Gelb, Orange, Rosa, Rot, Creme und Weiß. Dahinter Himbeersträucher mit köstlichen Früchten zum Naschen (oben).

Die Rauke alias Rucola hat in wenigen Jahren einen wahren Siegeszug in unsere Küchen angetreten. Kaum ein italienisches Gericht, bei dem nicht die Wilde Rauke oder die Salatrauke im Spiel wären. Im Garten gedeihen beide Arten problemlos. Die Salatrauke wächst sehr schnell, auch bei kühlen Temperaturen. Und die links abgebildet Wilde Rauke ist ein ausdauerndes Gewächs, das man vom Frühjahr bis zum Herbst immer wieder neu ernten kann.

Schnellwüchsiger Schnittsalat rahmt
hier eine Reihe mit Chinakohl ein,
der viel länger auf dem Beet bleibt und
normalerweise erst im Oktober und November
geerntet wird.

Angesichts des Namens „Chinakohl" hat man es
sich vielleicht schon gedacht: Er stammt aus dem
Fernen Osten. In China wurde er vermutlich
bereits im 5. Jahrhundert kultiviert. In Europas
Garten fasste er dagegen erst im 20. Jahrhundert
Fuß.

Knackige Erbsen dürfen im Bauerngarten nicht fehlen. Das feine Gemüse schmeckt roh und gedünstet. Bei den Zuckererbsen kann man sogar die Schale der Hülse mitessen. Und fällt die Ernte üppig aus, ist auch das kein Problem: Zuckererbsen und Markerbsen lassen sich gut einfrieren.

Üblicherweise werden Markerbsen ausgebaut, bei denen man die Erbsen aus der Hülse auspalen muss. Die meisten Sorten brauchen eine Stütze, an der sie mit ihren feinen Ranken hoch klettern können; das kann Reisig sein, ein Maschendrahtgeflecht oder eine selbst gebastelte Konstruktion aus Stäben und Schnüren.

Stangenbohnen und Feuerbohnen erfreuen sich in Bauerngärten großer Beliebtheit. Sie bilden viele Wochen lang immer neue Hülsen aus und sind so sehr ertragreich. Gemüsefans wissen, dass man die Bohnen nur gekocht verwenden darf. Roh sind sie giftig!

Der Porree in Reih und Glied hat auch seinen Reiz – er scheint fast mit den Staketen des Zaunes wetteifern zu wollen. Mancherorts, vor allem im Süden, ist er auch schlicht als Lauch bekannt.

Von Zwiebeln kann man nicht genug haben. Die geernteten Zwiebeln müssen nach der Ernte noch etwas nachtrocknen. Dazu bündelt man sie oder fertigt Zöpfe und hängt sie noch eine Weile unter einem Dachvorsprung auf.

Der schnellwüchsige Kohlrabi darf in den Bauerngärten nicht fehlen (oben).

Rote Bete wachsen zu mehreren aus einem Samenknäuel und bedrängen sich so gegenseitig (rechts). Versierte Gärtner nehmen deswegen jeweils die größte Rübe heraus, verbrauchen sie in der Küche und schaffen so Platz.

So richtig zum Reinbeißen: knackig frische Radieschen (oben).

Mairüben und die ähnlichen Teltower Rübchen wachsen schnell und eignen sich gut als Lückenfüller (links). Feinschmecker wissen, dass außer den weißen Rübchen auch die Blätter essbar sind.

Die Tomatensorte 'Andenhorn' sieht einer Paprika zum Verwechseln ähnlich (oben links). Ihr Fruchtfleisch ist eher trocken, wie bei Fleischtomaten.

Es kommt gar nicht so selten vor, dass eine einzige Tomatenfrucht ein Kilogramm auf die Waage bringt. Wenn eine Frucht so schwer wird, lässt sich der Gärtner oder die Gärtnerin eben etwas einfallen, damit die Pflanze nicht unter der Last zusammen bricht, und hängt die Tomate auf (oben rechts).

Nomen est omen: Die Sorte 'Tigerella' fällt mit ihrer wie getigert aussehenden Haut auf (unten links). Die Früchte sind weich und wohlschmeckend.

Cocktailtomaten gibt es in vielen Formen – rund, oval, pflaumenförmig, oder birnenförmig. Hier die früh reifende, ertragreiche Sorte 'Floridity'.

Tomaten regen so richtig zum Experimentieren an. Die Tomatengärtner haben die Qual der Wahl unter Tausenden von Sorten mit unterschiedlich geformten und gefärbten Früchten, süß und saftig schmeckenden, mehligen und trockenen, dickhäutigen und dünnhäutigen – alles Spezialitäten, die man kaum im Gemüseladen oder gar im Supermarkt bekommt.

Einlegegurken (oben) gehören zum Standardprogramm in den Gärten auf dem Land. Das Fruchtgemüse braucht viel Wärme und Platz zum Ausbreiten. Der Salat in den Reihen daneben wird dann einfach geerntet.

Der Flaschenkürbis (rechts) gehörte zum Pflanzeninventar der mittelalterlichen Gärten. Das weiß man aus dem berühmten Lehrgedicht „Hortulus" des Reichenauer Abtes Walahfrid Strabo. Heute wird er kaum noch kultiviert.

Der Kräutergarten

Bei den Kräutern reizen die Düfte, die geschmacklichen Aromen und die ganz unterschiedliche Gestalt. Kräuter sind Multitalente. Sie machen im Garten eine gute Figur und sind unentbehrlich für die kreative, gesunde Küche – ganz abgesehen von ihrem medizinischen Wert. Wer Thymian, Salbei, Ysop und Minzen selber im Garten kultiviert, hat immer genügend Blattwerk für vielerlei Zubereitungen zur Hand.

In „alten" Bauerngärten wachsen Küchen- und Heilkräuter in den Rabatten neben den Blumen oder am Rand der Gemüsebeete; einjährige Kräuter wie Dill oder Bohnenkraut siedeln sich dort sogar oft ganz ohne Zutun an. Zum Grundsortiment an Küchenkräutern gehören unbedingt Basilikum, Schnittlauch, Petersilie, Dill, Borretsch, Sauerampfer und Liebstöckel. Viele Kräutergärtner kultivieren auch Pimpinelle, Gartenthymian, Gartensalbei, Majoran, Dost (Oregano), Estragon, Eberraute und Bergbohnenkraut. Seit kurzem hat

auch die Kapuzinerkresse Eingang ins Kräuterbeet gefunden. Sie ist nicht nur eine hübsche Blume, sondern alle Teile von ihr – Blätter, Knospen, Blüten und Samenkörner – sind auch gut in der Küche zu verwerten und bringen eine angenehm prickelnde Schärfe mit.

Teefreunde werden auch Wert auf Zitronenmelisse und Minzen legen. Gerade bei den Minzen ist es reizvoll, ein kleines Sortiment Pfefferminze, Orangenminze, Ananasminze und anderen Vertretern aus der großen Minzenfamilie zu haben. Ausgesprochen dekorativ sehen die hochwüchsigen Kräuterstauden Gewürzfenchel, Eibisch und Alant aus. Sie wirken auf Bienen, Schwebfliegen und Schmetterlinge wie ein Magnet und nutzbar für den Menschen sind sie obendrein.

Die meisten Kräuter brauchen einen warmen, sonnigen Platz. Den haben sie in den lichten Bauerngärten aber ohnehin meistens. Wichtig ist auch, dass sie genügend Raum um sich haben. Minzen etwa sollten in weitem Abstand stehen,

Der Gewürzfenchel ist seit dem Mittelalter in mitteleuropäischen Gärten zuhause. Die offenen Blüten locken Schwebfliegen, Bienen und allerlei andere Insekten an. Die reifen Körner ergeben einen heilsamen Tee mit milder Wirkung bei Verdauungsbeschwerden.

weil sie etwas zum Wuchern neigen und bei zu engem Stand ineinanderwachsen.

Eine hübsche Idee zum Gestalten mit Kräuterpflanzen kommt aus den Küchengärten der Barockzeit. Da waren die Gemüsebeete oft eingefasst mit niedrigen, gestutzten Kräuterhecken. Da umduften dann Bergbohnenkraut, Ysop oder Eberraute die Buschbohnen und den Salat. Auch eine Lavendelhecke sieht toll aus und duftet dazu.

Übrigens: Wer in der Küche oft Kräuter verwendet, legt Wert darauf, dass die Kräuterpflanzen im Garten gut zugänglich sind. Sie sollten von den Wegen aus zu ernten sein, ohne dass man sich verrenken muss oder die Schuhe verschmutzt.

Der Borretsch ist wie der Gewürzfenchel eine Bienenlockpflanze. Er siedelt sich mal hier, mal da an und sät sich immer wieder selbst aus. Kräuterfreunde ernten Borretschblätter für die Salatsauce oder für den Kräuterquark; die Blüten liefern die blumige Dekoration in säuerlichen und süßen Zubereitungen.

In den von Buchs gesäumten Beeten haben Gemüse, Blumen und Kräuter genügend Platz, um sich auszubreiten.

Noch mehr Würziges für Gemüse und Salat: Einjähriges Bohnenkraut (oben). Das Bohnenkraut gehört wie Rosmarin, Lavendel, Thymian, Majoran und Dost zu den Lippenblütlern. Diese Pflanzengruppe zeichnet sich durch einen besonders hohen Gehalt an ätherischen Ölen aus, die für den guten Duft und das Aroma der Blätter, Blüten und Samenkörner verantwortlich sind. Als zusätzliche Komponente bringen die Kräuter je nach Art noch scharf machende Senföle oder auch Bitterstoffe mit.

Borretsch (rechts) ist vielseitig nutzbar: Borretschblätter für die Salatschüssel und die Blüten für die Bowle und Drinks. Und die Bienen fliegen auch auf ihn!

Die Kapuzinerkresse 'Alaska Peach'
fällt durch ihre grün-weiß gezeichneten Blättern auf. Blätter, Knospen, Blüten und Samenkörner sind eine gute Würze für
Salate und Kräuterquark. Kundige Köche legen
Knospen und Samenkörner auch in Essigwasser
ein und bezeichnen diese Kreation als „Falsche
Kapern".

Das Würz- und Heilkraut, das eigentlich als
Sommerblume bekannt ist, breitet sich im Lauf
des Sommers aus und bedeckt ganze Beete. Beim
ersten Frost erfriert die Wärme liebende Pflanze.

Vom Schnittlauch kann man nie genug haben (oben links). Für den Bedarf einer Familie ist gut und gern eine ganze Reihe nötig.

Der Dost oder Wilde Majoran (oben rechts) ist ein aromatisches Gewürz für die italienische Küche, für Pizza, Pasta und Co.

Der Gartenthymian wächst als niedriges Sträuchlein mit ganz kleinen Blättern (unten links). Das sehr würzkräftige Kraut braucht man für Rinder- oder Lammbraten. Und es ergibt – aufgebrüht – einen heilkräftigen Tee bei Erkältung und Husten.

Estragon bildet große Büsche. In der Feinschmeckerküche nimmt man die leicht anisartig schmeckenden Blätter und die Blatttriebe für Kräuteressig und für die legendäre Sauce béarnaise. Und auch zum Würzen von Geflügel, gekochtem Fisch und Reis wird Estragon gern verwendet.

Kenner schätzen besonders den Französischen Estragon und den ähnlichen Deutschen Estragon wegen ihres feinen Aromas. Diese Varietäten bleiben niedriger als der üblicherweise kultivierte Russische Estragon mit seinem herben, ins Bittere tendierenden Geschmack.

*So viel Lavendel (oben) – fast wie ein Ruhekissen, auf dem gestresste
Menschen die beruhigende Wirkung auf sich einwirken lassen dürfen.*

*Die Gartensalbeisorte 'Berggarten' hat große behaarte Blätter (rechts), die
man in der Küche für Würzmischungen verwendet oder kurz anbrät und zu
Schnitzel oder Braten reicht. Auch süß in Pfannkuchenteig getunkt und ausge-
backen ein Gedicht! Als Heilpflanze gehört der Gartensalbei zum Grundbestand in jeden Garten.*

Die Ringelblume darf in Bauerngärten nicht fehlen, auf vielen Beeten wächst sie als Beikraut mit. Viele Bäuerinnen bereiten aus den Blütenblättern mit Melkfett oder Schweineschmalz eine wundheilende und entzündungshemmende Salbe. Und die farbkräftigen Blüten machen sich auch gut in der Teekanne.

Das Echte Johanniskraut ist nicht zum Wurzen da, dafur aber als Heil-pflanze doppelt wertvoll. Das blühende Kraut wird für Tee gesammelt. Und nach einem alten Hausrezept legt man die Blüten in Olivenöl ein. Daraus entsteht nach kurzer Zeit ein rotes Öl, das hervorragend bei leichten äußeren Verletzungen, bei Schürfwunden und Verbrennungen hilft. Ein Muss für die Hausapotheke!

Beeren- und Spalierobst

Beerensträucher nehmen einen Teil des Bauerngartens ein, ruhig auch außerhalb des Buchsgevierts in einem eigenen Quartier. Früher standen viele Sträucher der gleichen Art in den Gärten, spielten sie doch eine wichtige Rolle für die häusliche Selbstversorgung. Heute wird man nur ein oder zwei Pflanzen der gleichen Art haben, gerade so, dass man ein paar Mal davon ernten – und naschen – kann.

Beliebt sind die leicht säuerlichen Roten Johannisbeeren, die die Hausfrauen und -männer zu wunderbarem Johannisbeergelee verarbeiten oder als Kuchenbelag einfrieren. Schwarze Johannisbeeren mit ihrem eigenartig herben Geruch und

Geschmack sind etwas für Feinschmecker oder Gärtner, die gerne Likör ansetzen. Gelegentlich stehen in den Garten auch mächtige Jostabüsche. Jostabeeren, eine Kreuzung aus Schwarzen Johannisbeeren und Stachelbeeren, schmecken tatsächlich wie eine Mischung aus beiden Früchten und ergeben zudem eine köstliche Marmelade. Stachelbeeren mit ihrem unvergleichlichen Geschmack erinnern viele an ferne Kindheitstage. Andere können von Himbeeren nicht genug haben. Brombeeren sind sehr wüchsig und stehen am besten in den Randbereichen, wo sie sich nach außen hin ausbreiten können; im Inneren des Bauerngartens stören sie eher. Die wirklich guten Sorten wie 'Theodor Reimers' oder 'Loch Ness' haben leider Stacheln! Es gibt auch stachellose Sorten wie 'Thornless Evergreen' – die haben zwar dekoratives Blatt-

Es gibt kaum einen köstlicheren Sommergenuss als Stachelbeerfrüchte. Auch wenn sie den Gärtnern mit ihren stacheligen Ästchen beim Ernten das Leben schwer machen. Ihr säuerlich-aromatischer Geschmack ist unvergleichlich! Aus den behaarten, gelb- oder rotschaligen Früchten lässt sich eine herrliche Marmelade zubereiten. Als Kuchenbelag und als Saft sind sie ebenfalls eine Delikatesse.

werk, dafür aber schmecken deren Früchte nicht so gut. Dann lieber doch blutige Finger?

Erdbeeren lassen sich vielleicht am vielfältigsten von allen Obstarten verarbeiten. Frisch gepflückt, noch sonnenwarm, schmecken sie genauso gut wie gekühlt mit Sahne. Sie ergeben auch vorzügliche Marmelade und leckeren Kuchenbelag.

Schließlich lässt sich auch noch die Hausfassade für den Obstanbau nutzen. Die Klassiker sind dabei Weintrauben und Spalierbirnen. Neuerdings gesellt sich noch die Stachelbeerkiwi 'Weiki' hinzu, die mit ihren langen, biegsamen Trieben ebenfalls ein Spalier mit dünnen Stäben oder Schnüren erobert. Übrigens: Stachelbeerkiwi sind richtige Kiwi, die wie Kiwi schmecken, aber nur so groß wie Stachelbeeren sind.

Erntesegen im Herbst bringen die Weintrauben. Sie stehen in Spalieren am Haus oder an Nebengebäuden und bringen an warmen Plätzen enormen Ertrag. Ein Weinstock kann ausreichen, um eine ganze Familie im Herbst mit frischen Weintrauben zu versorgen. Wählen Sie in der Baumschule eine neue Hausrebenzüchtung, die robust ist gegen Pilzkrankheiten.

In einem Feinschmeckergarten sollte wenigstens ein Stachelbeerstrauch oder ein Hochstämmchen Stachelbeeren stehen.

Die Baumschulen haben Sorten wie 'Invicta' oder 'Remarka' im Sortiment, die sich gegen den gefürchteten Stachelbeermehltau behaupten können.

Schwarze Johannisbeeren haben einen typischen herben Geschmack. Um diesen voll genießen zu können, muss man die Beeren vollreif ernten. Die Franzosen (und nicht nur die) bereiten aus den Beeren übrigens ihren berühmten Cassis zu, den berühmten Likör aus Schwarzen Johannisbeeren.

Dieses Johannisbeer-Hochstämmchen bricht fast unter seiner Last zusammen.
Es braucht einen stabilen Pflock oder ein Gerüst als Stütze!

Baumschulen bieten Johannisbeeren (und Stachelbeeren) in mehreren
Erziehungsformen an: als Büsche, die sich von unten her verzweigen, oder
als Hochstämmchen. Hochstämmchen haben den Vorteil, dass man sich zum
Ernten nicht bücken muss. Sie sind auch ein hübsches Gestaltungselement
für kleine Gärten, in denen man mit Platz geizen muss.

Kultur-Heidelbeeren gewinnen bei den Gartenbesitzern immer mehr Anhänger. Die Beeren schmecken mild und dezent süß.

Kultur-Heidelbeeren gedeihen jedoch nicht überall in Deutschland gut. Beste Voraussetzungen finden sie auf leicht sauren, sandigen Böden. Auf schweren, kalkhaltigen Lehmboden wachsen sie nicht richtig, die Blätter vergilben und die Sträucher bringen wenig Ertrag.

Tipp: Pflanzen Sie mehrere Sorten wie 'Patriot' oder 'Bluecrop' nebeneinander, dann bringen die Sträucher mehr Früchte.

Die Mispel wächst als kleiner Baum (oben). Die kleinen, apfelartigen Früchte reifen erst spät im Herbst und werden genießbar, wenn sie dem Frost ausgesetzt waren.

Ein Holunderbusch findet in einem noch so kleinen Garten Platz (links). Wertvoll sind die Blüten für Tee, Küchlein, Sirup und Sekt, die Früchte für Saft.

Gartenbesitzer entdecken die Kornelkirsche derzeit neu. Das Wildobstgehölz wächst als größerer Strauch oder auch gestutzt in Kübeln und sogar als Hochstämmchen. So kann man die Kornelkirsche als gutes Gestaltungselement auch in kleine Gärten pflanzen.

Die Sträucher sehen mit ihren gelben Blütenbüscheln im zeitigen Frühjahr attraktiv aus. Die Früchte reifen spät im September und Oktober. Kenner bereiten aus vollreifen, dunkelroten Früchten eine vorzügliche Konfitüre zu.

Eine alte Rebsorte zum Keltern von Wein. Als Tafelsorten eignen sich solche Rebsorten nicht besonders gut. Zum Essen sind die teils kernlosen Hausrebensorten besser.

*Ein Rebspalier ermöglicht es, auf kleiner Grundfläche viel zu ernten.
Sichere Erträge bringen die sehr robusten Hausrebensorten wie 'Muscat
Bleu', 'Regent', 'Phoenix' oder 'Vanessa'.*

Bei diesem kunstvoll gezogenen Birnenspalier (links) wachsen die Äste ausgebreitet über einem Holzlattengerüst. So entsteht ein leicht beschatteter Laubengang direkt am Haus. Auf den Bauernhöfen ist die Birnenkultur traditionell die Aufgabe der Männer.

Warme Südwände sind für Birnenspaliere ideal (oben). Hier sind die empfindlichen Birnen vor Spätfrösten im Frühjahr geschützt und die Früchte können gut ausreifen. Die Triebe werden in Etagen waagerecht geleitet, sodass gutes Fruchtholz entsteht. Birnbäume sind einerseits robust und wachsen auch noch in hoch gelegenen Alpentälern. Andererseits stellen sie hohe Ansprüche an den Boden: Der muss tiefgründig sein, damit der Birnbaum seine Pfahlwurzel in den Boden schicken kann – sonst bleibt er immer mickrig. Übrigens: Nicht so empfehlenswert ist die vielleicht bekannteste, aber eben auch anspruchsvolle Sorte 'Williams Christ'.

Die Gestaltung des Bauerngartens

Die alten Bauerngärten geben die Form für neue Gestaltungen vor. Von niedrigen Buchshecken gesäumte Wege unterteilen die Gartenfläche in vier etwa gleich große Teile. Den Kreuzungspunkt der Wege markiert ein Buchsrondell – idealerweise mit einem Rosenhochstämmchen – oder ein kugelig geschnittener Buchsbusch. Dies alles wird umrahmt von einem Zaun aus Holzlatten oder Eisenstaketen. Etwas abgerückt vom Haus findet der Bauerngarten dort seinen Platz, wo er den ganzen Tag über Sonne bekommt, sodass Blumen, Gemüse und Kräuter auch gut gedeihen.

Staketenzäune grenzen den Garten ein und dienen gleichzeitig als Pflanzenstütze, etwa für eine Kugeldistel (links).

Exakt in Form geschnitten, so präsentieren sich die Buchskugeln und das Buchsrondell im Mittelpunkt eines Wegekreuzes (rechts).

Strukturen im Bauerngarten

In den traditionellen Bauerngärten teilt oft ein Wegekreuz den Garten in vier gleich große Beete ein. Vorbild ist dabei der Kreuzgarten der Klöster. Steht wenig Platz zur Verfügung oder ist das Gelände ungünstig geschnitten, kann der Bauerngarten aber auch nur in zwei Rechtecke gegliedert sein. Meistens fassen niedrige geschnittene Buchshecken die Beete ein.

Der Buchs ist das wichtigste Gestaltungselement im Bauerngarten. Wer sich auskennt, nimmt eine sehr langsam wachsende Buchssorte mit kleinen, runden Blättern. Die Baumschulen führen ihn als Einfassungsbuchs oder als Barockbuchs. Entlang der Buchshecke befinden sich zum Beet hin oft schmale Rabatten mit Blumen.

Die Einrahmungen sehen zu jeder Jahreszeit gut aus, auch im Winter. Es sei jedoch nicht verschwiegen, dass sie selbst einiges an Arbeit bereiten: Regelmäßiger Schnitt ist nötig. Wer sich mit einer Buchshecke nicht so viel Mühen aufbürden möchte, kann sich auf einzelne Zierelemente beschränken und zum Beispiel nur die Ecken des Gemüsegartens mit einzeln stehenden Buchsbüschen betonen.

Zäune, Tore und Lauben

Und nicht zu vergessen die Zäune! Einfache Lattenzäune aus unbehandeltem Holz, mit Pfosten aus gleichem Material oder – aufwendiger – aus Stein gearbeitet, an denen die Lattenfelder aus Holz eingehängt sind. Eine besonders schmückende Zaunform kam in der Gründerzeit auf: Eisenzäune mit lanzenartigen Stäben, die wie die Holzzäune zuvor das Federvieh von den Gärten abhalten sollten. Holz- und Eisenzäune wurden in den vergangenen hundert Jahren dann bunt

Ein besonders klares Beispiel für den Wege- und Heckengrundriss in einem formal angelegten Bauerngarten: Die geschnittenen Buchshecken gliedern den Gemüse- und Blumengarten in vier nahezu gleich große Teile. Im Buchsrondell in der Mitte stehen Rosenstöcke und Tulpen.

variiert. Heute lassen Gartenbesitzer gerne Zäune aus rostfrei verzinktem Eisen setzen oder nehmen für Lattenzäune imprägniertes, witterungsbeständiges Holz.

Zum schönen Zaun gehört natürlich auch das passende Eingangstor, oft ist es überspannt von einem Rankgerüst. Es soll einladen, den Garten zu betreten, ja, ein freundliches Willkommen bieten. Was könnte es da Schöneres geben als ein Rankgerüst mit einer duftenden Kletterrose. Für kleine Klettergewächse wie die Clematis oder die Staudenwicke genügt dagegen ein gebogenes Eisenband.

Ein richtiger Bauerngarten ohne Laube? Undenkbar. Sie steht am Kopf des Gartens gegenüber vom Eingangstor oder zentral in der Mitte. Meist nutzt man sie zum Unterstellen von Hacke, Spaten und anderem Gartenwerkzeug. Dabei war die Laube ursprünglich gar nicht für solch profane Zwecke gedacht, sondern sollte zum Ausruhen nach getaner Arbeit da sein – und für die sonntägliche Kaffeetafel!

Weitere dekorative Elemente bereichern das Gartenbild: Rosenkugeln, Figuren aus Eisen, große Töpfe, Tröge oder Gebilde aus Weidenzweigen, an denen Bohnen oder Winden emporklettern. Künstlerisches kann im Gemüsegarten ebenfalls seinen Platz finden. Alles ganz dezent gesetzt, sodass es nicht überladen wirkt und nicht mit dem Wesentlichen im Garten – den Blumen, den Kräutern und dem Gemüse – konkurriert.

Die Hilfe eines gießenden Heinzelmännchens wäre sicher manch einem Gartenbesitzer willkommen. Diese dekorativen, mobilen Elemente lassen sich mal hierhin und mal dahin rücken, wo sie als optischer Blickfang gebraucht werden.

Ein Buchsgärtchen sieht zu jeder Jahreszeit attraktiv aus, auch im Herbst, wenn Lücken im Blumen- und Gemüsegarten entstehen und die bloße Erde zu sehen ist. Bei diesem Beispiel bildet ein Buchsviereck die Mitte.

Ein exakt geschnittenes Buchsrondell fasst ein Beet mit Rosen ein. Das Rosenhochstämmchen hat so seinen Hofstaat zu Füßen. Ein derart akkurater Schnitt gelingt nur mit einer guter Handschere!

Ein Bauerngärtchen kann auch einmal verspielt daherkommen. Allerlei
ausrangierte Gefäße und Gegenstände bis hin zum alten Drahtesel bringen
hier die fröhlich-lockere Stimmung mit.

Klare Linien herrschen in diesem klassischen Bauerngarten mit geschnittenen immergrünen Buchshecken vor. Du dürfen die Blumen in der Nachbarschaft ruhig bunt und wild durcheinander wachsen.

Den Buchs bringt man durch regelmäßigen Schnitt einmal im Jahr in Form, anschließend schlägt er willig und dicht wieder aus. Aber bitte greifen Sie im Lauf des Sommers an einem trüben Tag zur Schere! Beim Schnitt an einem sonnigen Tag werden die Blättchen braun. Danach dauert es einige Wochen, bis der Buchs wieder richtig grün erscheint.

Wege mal so, mal so: Klinkerbeläge sind in vielen Regionen Deutschlands üblich. Ein breiter Weg lädt zum geruhsamen Flanieren ein. Und zum Hantieren mit Schubkarren, Gießkannen und Körben bietet er genugend Platz (oben).

Auf Wegen mit einem Belag aus Rindenmulch geht es sich federleicht wie auf einem schwingenden Waldboden (links). Und es duftet auch so wie im Nadelwald. Rindenschrot als Wegbelag ist auch deswegen so beliebt, weil er das lästige Unkraut unterdrückt!

Hier war ein Künstler am Werk! Das Muster ist fast zu schön, um mit Gartenschuhen darüberzugehen und profane Gartenarbeit zu erledigen.

Tipp: Mit welchem Material auch immer die Wege belegt sind, die Zugangswege und die Hauptwege sollten genügend breit sein, damit man gut darauf gehen kann und auch der Schubkarren Platz hat. Zwischenwege in den Beeten können schmal sein und brauchen keinen Belag.

Vielerlei Zaunvarianten: Ein halb verrosteter Eisenzaun aus der Gründerzeit hält unerwünschte Besucher fern und gibt Stauden Halt (oben).

Ein Bretterzaun in einer ungewöhnlichen Variante. Auch er wirkt halb verwittert noch attraktiv (rechts).

Die Brennende Liebe mit ihren leuchtenden Blüten in flammendem Rot war bei unseren Urgroßmüttern als Gartenstaude beliebt. Sie harmoniert gut mit dem Grün der eisernen Staketen (links oben).

Ein neuer Zaun, der sich an die alten Formen hält: Pfosten aus Naturstein, in die man die Lattenfelder dazwischen ein- und auch wieder aushängen kann (rechts oben). Die hohen Latten halten Hühner und Hunde sicher vom Inneren des Gartens fern.

Eine Trockenmauer aus Muschelkalksteinen stützt das abschüssige Gelände. Lavendel, die hohe gelbe Schafgarbe, ein Fingerstrauch und allerlei andere Stauden und Kleingehölze mögen einen sonnigen, trockenen Platz (links unten).

Mit wenig Aufwand erzielt die Prunkwinde eine große Wirkung – und guten Sichtschutz gibt sie dazu (oben). Das einjährige Klettergewächs windet sich am besten an Schnüren oder Drahtgestellen in die Höhe.

Wieso nicht einmal Hopfen als Willkommensgruß? Das Schlinggewächs mit seinen gelappten Blättern und mit seinen Früchten, den Hopfenzapfen, sieht hübsch aus und passt so wunderbar zu schlichten, ländlichen Bauerngärten (links).

Ein Rosenbogen als stilvolles Entree. In romantisch anmutende Bauerngärten passen solch verschnörkelte Rosenbögen aus Eisen. Die rustikale Variante wird meist aus Holz gefertigt. Die Rosentriebe spreizen sich am besten an leiterartigen Gerüsten in die Höhe.

Tipp: Die Spannweite der Bögen sollte so großzügig bemessen sein, dass sich gut hindurchgehen lässt, ohne an Trieben oder Dornen hängen zu bleiben.

Eine Bank, die nach getaner Arbeit zum Ausruhen und Vespern einlädt! Die Pause sollte man sich ruhig einmal gönnen und sich am Anblick der Blütenpracht erfreuen. Die alte Schwengelpumpe und der steinerne Trog kommen hier zu neuen Ehren.

Eine offene Laube als dekorativer Mittelpunkt eines Bauerngärtchens.
Romantisch anmutende Ramblerrosen beginnen, die Metallstäbe zu um-
ranken. In wenigen Jahren wird hier ein lauschiges Plätzchen entstanden
sein. Doch auch schon jetzt ist die Laube mehr als nur ein Blickfang.

Ein Sitzplatz für allerlei Gelegenheiten, an dem Gärtner und Besucher den wohltuenden Duft von Rosen und Lavendel genießen dürfen. Entspannung nach der Mühe eines Arbeitstages!

Register

Die im Register kursiv gesetzten Seitenzahlen weisen auf Abbildungen hin.

Die Autorin

Brunhilde Bross-Burkhardt, Dipl.-Ing. agr., beschäftigt sich seit über 30 Jahren mit der Pflanzenwelt. Als Journalistin, Buchautorin und Dozentin in der Erwachsenenbildung gibt sie ihr umfangreiches Wissen über Nutz- und Zierpflanzen und über die Geschichte der Gartenkultur weiter. Sie ist öfters in Magazinsendungen (Radio, TV) zu Gast, in denen sie neben ihren Fachkenntnissen auch ihr erstaunliches Gespür für die Vielfalt der Natur weitergibt. (www.brossburkhardt.de)

Bildnachweis

2 mauritius images/Nora Frei; 5 M. o. mauritius images/Alfred Albinger; 12/13 picture-alliance/Bildagentur Huber; 14 mauritius images/imagebroker; 15 picture-alliance/Bildagentur Huber; 29 mauritius images/Alfred Albinger; 36/37 mauritius images/Martin Siepmann; 40/41 mauritius images/Brigitte Protzel; 42 o. photos.com; 50/51 mauritius images/Garden Picture Library; 54 photos.com; 67 o. mauritius images/Edith Laue; 74/75 mauritius images/botanica; 76 u. und 78 photos.com; 91 o. r. mauritius images/Garden Picture Library; 118/119 mauritius images/imagebroker; 133 photos.com; 134 o. mauritius images/CuboImages; 146 mauritius images/Klaus Scholz; 148 o. picture-alliance/dpa; 149 mauritius images/Oxford Scientific; 156/157 mauritius images/botanica; alle weiteren Fotos: Brunhilde Bross-Burkhardt.